PIA JUUL

DIJE, DIGO

Prólogo por Rebeca Henríquez
Selección y traducción por Roberto Mascaró

PIA JUUL

DIJE, DIGO

Dije, Digo ©
Título original: sagde jeg, siger jeg, 1999 ©
Pia Juul ©
Traducción al español de Roberto Mascaró ©
Prólogo de Rebeca Henríquez ©
Copyright © Editorial del Gabo, 2015
Colección EDDA #4 / 2015
ISBN: 978-0-692-40921-3

Edición y Corrección: Andrés Norman Castro
Arte exterior: Victor Interiano
Diagramación: Sirius Estudio

Editorial del Gabo
San Salvador, El Salvador, Centro América
editorialdelgabo.blogspot.com • ⓕ */editorialdelgabo*

Agradecemos que el costo de esta traducción fue sufragado por una subvención del Gobierno de Dinamarca a traves de la Danish Arts Foundation (Fundación de las Artes Danesas)

STATENS KUNSTFOND

Dije, digo

*"Por qué
cuando aparece el sentimiento
no significan nada las palabras"
Pia Juul*

La ciudad tiene una relación enfermiza con el ruido; es imposible escuchar mi voz sin llantos, motores, música estridente o ladridos. Aquí, en medio del caos sonoro, logré escuchar el murmullo de las imágenes de Pia Juul.

Sus versos recrearon mi realidad, la inerte realidad que contemplaba. A través de una lectura fluida y precisa encontré dos elementos concurriendo delicadamente: su melancolía y su sensibilidad. Además, de la firmeza de su voz femenina capaz de emplazar la identidad cimentada y reinterpretarla.

Advertí que tiene tal manejo del lenguaje que me ofrece una visión ininterrumpida de los sucesos, como la vida misma que no tiene principio ni fin. Discurre en escenarios opacos; lo hace con lentitud y profundidad, lo cual, me permitió la empatía que solo un humano auténtico puede transmitir.

Consumada modernista, Juul ha trabajado con la escritura fragmentaria, quebrada a propósito, a menudo desprovista de puntuación, con una particular manera de enlazar las imágenes al tiempo que deja que sea el lector que asocie y estructure el discurso. Su temática ha sido siempre el individuo femenino enfrentado al mundo de las sensaciones, de los climas emocionales, del ensueño. Una escritura experimental que se maneja a menudo en base a paradojas. Las palabras flotan a menudo libres en el poema y la ausencia de mayúsculas nos permite la lectura personal de sus imágenes. Muchas veces es el el ritmo lo que nos envuelve, y los significados cobran menos importancia. En esto, su escritura recuerda a los poetas surrealistas y experimentales de principios del siglo XX.

Dije, digo es poesía en efervescencia. Leer a Pia Juul implica una conmoción distinta a la que estamos acostumbrados, representa una experiencia nueva para los sentidos y el pensamiento.

Rebeca Henríquez
Poeta salvadoreña

DIJE, DIGO

*

Når færgen krænger over
og vi alle sammen
alle som een
går i knæ
et øjeblik
før landgang
-det er det jeg tænker på

I taxaen sidder filmstjernens søn
och bedyrer mig at livet er hårdt
hvis man er berømt
Jag griner og griner
indtil han siger
You' ve certainly got the
countenance of a poet
- veery serious

*

Cuando el ferry se balancea
y todos juntos
como uno solo hombre
caemos de rodillas
un instante
ante el desembarco
- pienso en eso

En el taxi está el hijo de la estrella de cine
y se queja de que la vida es dura
cuando uno es famoso
Me río y me río
hasta que él dice:
You' ve certainly got the
countenance of a poet
- veery serious

*

Min onkel Hector sagde
(men det har jag nok fortalt dig før)
Han var på vej ned från Højen
Han havde solen i øjnene
så sagde han
da børnene kom løpende forbi
Han sagde
nej han sagde
Børnene kom løpende
Så sagde han det som
Knud engang havde sagt
på en anden måde
Her siger jeg det selv igen
Jeg kan se ham tydeligt
med solen i øjnene
syrenerne på Højen
denne duft om onkel Hector
Desuden gjorde han altid
sådan med hånden
Sådan

*

Mi tío Héctor dijo
(pero esto ya te lo he contado)
Venía bajando de la Loma
Tenía el sol en los ojos
entonces dijo
cuando los niños pasaron corriendo a su lado
Dijo
no, dijo
Entonces dijo lo que
había dicho una vez Knud
pero de otro modo
Aquí digo yo lo mismo otra vez
Puedo verlo con claridad
con el sol en los ojos
las lilas en la Loma
ese olor en torno al tío Héctor
Además hacía siempre
así con la mano
Así

*

Jeg vender mig om
et øjeblik, men
et øjeblik efter
er alting væk
Jeg vender tilbage
men tror det kun
Man kan ikke gense
noget som helst
hvad en klog man
hár konstateret for
lægst, om en flod,
men dette,
det blomstrende liv med
Blussende børn
Spyt i en tråd mellem læber
Sangen de læner sig frem for at synge
Et øjeblik,
jeg vender tillbage
jeg kommer om lidt
Stenene kaster
de særeste lange skygger
på stranden
Vandet på stenene
skinner i solen
og solen går ned

*

Me vuelvo
un instante, pero
un instante después
todo ha desaparecido
Me vuelvo otra vez
pero solo lo creo
No se puede volver a ver
lo que sea
lo que un hombre sabio
ha constatado hace
mucho, sobre un río,
pero esto,
la vida floreciente con
Niños ruborosos
perforados por un hilo entre los labios
La canción que se inclinan a cantar
Un instante, regreso
volveré pronto
Las piedras arrojan
las sombras más singularmente largas
sobre la costa
El agua sobre las piedras
brilla al sol
y el sol se pone

*

Vi skulle skrive første side av en roman.
Med hvert vores blik skulle vi se på den
samme historie. Vi skulle løbe for att nå det.
I toget skulle vi sidde forpustet og
duves og kastes fra side til side ved
plettede duge, krummer, et snavset menukort,
med eftersmagen i munden, eftertåret
udenfor, udsigt til floder der løber sammen.
Vi ser på hinanden gennem gyldne glas.
Vi nåde det. Vad nåede vi?
En hellig hånd holdes over os, kan vi være
tilfredse med det?
Med en fnuglet bevægelse, det skæve smil,
det yndefulde hvæs efterlyser du noget
grimt, og vi lover dig du skal få det.
Sådan skulle alting alltid være, selv om det
selvføgelig aldrig skulle være dét:
Vi skulle promenere alle Europas
hovedstæder een for een
og nå alle rejsens tog
på denne, samme måde:
i sidste sekund, stakåndet, leende

*

Íbamos a escribir la primera página de una novela.
Con la cual nuestras miradas verían en ella
la misma historia. Juntos iríamos para alcanzarla.
En el tren iríamos sin aliento
cabeceando y agitados de un lado a otro junto a
manteles manchados, migajas, un menú sucio,
con el resabio en la boca, afuera
el otoño, vista sobre ríos que confluyen.
Nos miramos a través de copas doradas.
Lo logramos. ¿Qué logramos?
Una mano sagrada se alza sobre nosotros, ¿podemos
estar satisfechos con esto?
Con un sutil movimiento, la sonrisa torcida,
con silbido gracioso reclamas algo
de mal modo, y te prometemos que lo tendrás.
Así debería ser siempre todo, aunque por supuesto
nunca fue así:
Caminaríamos por todas las capitales
de Europa, una por una,
y alcanzaríamos los trenes de todos los viajes
de este, el mismo modo:
en el último instante, jadeantes, riéndonos

*

Med samt min medfødte
blusel sætter jag mig i et tog
for att rejse min vej och blive
væk
Endnu engang er
det ikke forbi, og jeg må
ryste ved tanken om
at jeg ku tænke
ordet slut
om nogetsomhelst da
jeg var ung

Den uklædelige naivitet
Den voldsomme melankoli
bekom mig vel da
jeg var et barn
Nu vil jeg bare rejse
Jeg drømmer ikke mer
Jeg ved
om de mange tog
jeg skal sidde i
at jeg vil mumle
"Fortsæt"
og pille ved sædet
og torre duggen av ruden
for at ku se på det hele
så længe

*

Junto a mi pudor congénito
me siento en un tren
para viajar y
desaparecer
Todavía no
se me ha pasado, y me
estremecía al solo pensamiento
de que pudiera pensar
en la palabra fin
sobre cosa alguna cuando
era joven

La ingenuidad incómoda
La violenta melancolía
me invadía cuando
era una niña
Ahora solo quiero viajar
Ya no sueño
Sé
de los muchos trenes
en los que iré sentada
sé que he de murmurar
"Continúa"
y tocaré el asiento
y secaré la ventanilla empañada
para poder verlo todo
mientras dure

*

Byens lys på afstand
ser ud till att ånde
Fra bakken ser vi ned på stjernerne
Digteren står på en scene dernede
Han siger hvert ord
som et søm
hamrer ind med eet slag
Jeg åbner et vindue
Det regner
på mine arme
Onde ånder har ingen krop
Den sorteste
afgrund
den sku man ha
at kigge ned i af og til
og øse af synerne
ak -som styrtregn
lade sin ulykke
falde så hårdt
over sagesløse
-dem der sprang
sorgløse rundt som børn
mellem guldregn og gyvel
Dem sku man håne

Ringduen kurrer i ringe
Intet er så galt at det ikke er godt
Hån de sorgløse
Onde ånder har ingen krop
Stik armene ud i regnen

*

La luz del pueblo a lo lejos
parece respirar
Desde la loma miramos hacia abajo las estrellas
Allí está la poeta sobre la escena
Dice cada palabra
como un clavo
martillado con un golpe
Abro una ventana
Llueve
sobre mis brazos
Las malas ánimas no tienen cuerpo
El abismo
más negro
hay que tener
para mirar abajo de vez en cuando
y recibir visiones
¡ay!- como el aguacero
dejó caer su desgracia
tan duro
sobre los inocentes
- los que corrieron
de niños alrededor despreocupados
entre lluvia de oro y retama
De ellos había que burlarse

La torcaza arrulla en ronda
Nada es tan absurdo para no ser bueno
Búrlate de los afortunados
Las malas ánimas no tienen cuerpo
Extiende tus brazos en la lluvia

*

Jeg forstår ikke
du vill være en anden
Er det mig
du vil være? Hvorfor?
Jeg er ikke lykkelig
det vil sige mig selv
det vil sige hvad ved jeg om dét?
Det vil sige måske er det dig
jeg vil være
Jeg er så besk en blomme
i munden på den syge
at jeg bliver spyttet ud
og gråden gæster mig
og frygten
Hos dig står solen op
de nikkende kobjælder
brænder av lyset
din sølvtunge
din frydesang

*

No entiendo
que quieras ser otra
¿Es que quieres ser
yo? ¿Por qué?
Yo no soy feliz
es decir yo misma
es decir ¿qué sé yo de esto?
es decir tal vez es tú
lo que yo quiero ser
soy tan amarga una ciruela
en boca de un enfermo
que me escupe
y me visita el llanto
y el miedo
En tí está el sol alto
los cencerros agitados
se queman con la luz
tu lengua de plata
tu canto deleitoso

*

Vær klog og snild
Ved brylluppet
var der ingen ende på
glæden
Den lå i stort og småt
den smittede oss alle
Alt gik an
og der var tid
Jeg lovede mig bort til
højre og venstre
Glæden var stor
jeg kunne alt
Vogt lys og ild
Husk nu, husk nu hvordan
det var dengang
husk det og skriv det ned

Tegn min imens jeg sover
Besøg mig først på det høje slot
skriv ned hvad jeg sagde
hvis du har hørt efter
og hvis du kan huske det
skriv det og tegn mig
og vend dig om

*

Sé cuerdo y cauteloso
En la boda donde
no tenía fin
la alegría
A grandes y pequeños
nos contagiaba a todos
Todo salió bien
y el tiempo sobraba
Me comprometí
a diestra y siniestra
la alegría era grande
yo todo lo podía
Guarda la luz y el fuego
Recuerda ahora, recuerda cómo
fue aquella vez
recuérdalo y escríbelo

Dibújame mientras duermo
Visítame en el alto castillo
escribe lo que dije
si es que lo escuchaste
y si puedes recordarlo
escríbelo y dibújame
y date la vuelta

*

I går skinnede solen
i København
1 time og 10 minuter
Mens det stod på
besindede jeg mig
det tog en time og
ti minutter, jeg stod
ganske stille under
en guldregn i anlægget

Du må jo vide hvor
indviklet selv det enkle er
Gad vide hvorfor du
tror det er let at
kortlægge et liv
men svært at leve det
når det forholder sig stik
modsat

Hvad kan man kortlægge?
Byer og veje?
Enge og åer?
Lugten dér? Smerten? Smagen af rødgrød?
Jeg fik stød av det
elektriske hegn ved bækken
et forår, jeg greb om det
med begge hænder, for ikke
at falde. Metalorden.
I går skinnede solen i København
om hundrede år er alting glemt

*

Ayer brilló el sol
en Copenague
por 1 hora y 10 minutos
Mientras duró
estuve considerando
fue una hora y
diez minutos, estuve
bastante quieta bajo
una lluvia dorada, en la glorieta

Tienes que saber
lo complicado que es lo simple
Me pregunto por qué
crees que es fácil
trazar una vida
pero difícil vivirla
cuando las cosas se vuelven lo
diametralmente
opuesto

¿Qué se puede trazar?
¿Ciudades y calles?
¿Prados y arroyos?
¿Ese olor? ¿Ese dolor? ¿El sabor de la papilla?
Recibí una descarga de la
cerca eléctrica junto a la cañada
una primavera, me agarré
con ambas manos para
no caer. Trueno metálico.
Ayer brilló el sol en Copenague
en cien años todo estará olvidado

*

Mit syn er blevet så dårligt
Jeg står foran en flyvemaskine
og siger, Hvornår mon den kommer

Detaljen er klar
for den der har briller
Men ud af det uklare
vokser det værste
det vigtigste, det
jeg har frygtet
Jeg ser det for mig
det skærer mig i øjet

På cyklen på vei til skolen
så vi brudebuketter
og store gevandter
og drenge så store som mænd
der løfted os op
Ved foden af flyvemaskinen nu
drømmer jeg angst
om i morgen
Bliver det morgen
-og blir det så regn?

*

Mi vista ha empeorado
Estoy frente a un avión
y digo ¿Cuándo ha de llegar?

El detalle es claro
para el que lleva lentes
Pero de lo impreciso
crece lo peor
lo más importante, lo
que yo he temido
Lo percibo
me hiere la vista

En bicicleta de camino a la escuela
vimos ramilletes de novia
y grandes ropajes
y muchachos grandes como hombres
ellos nos alzaron
Ahora al pie del avión
sueño ansiosamente
con el mañana
¿Habrá un mañana
-y acaso ha de llover?

*

Hænderne krøller et brev sammen
Hænderne river et andet brev over

Jeg skriver de krøller
Jeg skriver de river
brev efter brev
Hænderne finder et punkt på en krop
der ikke vil findes
forover fald nu
bagover grib mig
saltomortalen bliver skæv

saltomortalen er vind og skæv
hænderne flytter sig
hænger i luften vi sover i lyset
kvælende skarpt
hvis de bare viste
hvis bare de viste
hvad jeg ved
men det vil de slet ikke vide
hvad jeg kunne sige

jeg siger det ikke
jeg skriver det ned
de krøller det sammen

*

Las manos estrujan una carta
Las manos trizan otra carta

Yo escribo ellas estrujan
Yo escribo ellas trizan
carta tras carta
Las manos hallan un punto en un cuerpo
donde no debe hallarse
cae hacia adelante
atrápame hacia atrás
falló el salto mortal

el salto mortal es viento y falla
las manos se desplazan
cuelgan en el aire dormimos en la luz
aguda sofocante
solo si supiesen
si solo supiesen
lo que yo sé
pero ellas no quieren ni saber
lo que podría decir

no lo digo
lo escribo
ellas lo estrujan

*

Jeg havde en hånd i søgeren
jeg stillede skarpt
jeg tænkte, disse fem
fingre, hvorfor eje et
fastfrosset blik på dem,
er det ringen af guld
er det resten af manden
er de lysskæret, den
blege eftermiddag, dette
tætte, vi sidder på en bænk,
jeg søger hans hånd på
hans knæ genem linsen
lidt som at tigge uret om
henstand, banalt men
billedet ikke banalt, jeg
vil gemme det billede skjult
i mit hjerte i hjernen hvor det
end er man gemmer den
slags, om ikke i album
Jeg trykkede ikke på udløseren,
og manden er død
men hånden på knæet
er der endnu

*

Tenía una mano en el visor
la puse en foco
pensé, esos cinco
dedos, por qué tener una
mirada fija sobre ellos,
es el anillo de oro
son los restos del hombre
es el resplandor, la pálida
tarde, estamos sentados en un banco,
busco su mano en su
rodilla a través del lente
como mendigando al reloj
una pausa, banal pero
la imagen no es banal, yo
quiero esconder esa imagen
en mi corazón en mi cerebro donde
sea que se escondan estas
cosas, si no es un álbum
Yo no oprimí el disparador,
y el hombre está muerto
pero la mano en la rodilla
está allí todavía

*

Jeg løfter dig op mod lyset
så rød at du
næstan er sort, så
sort at du næsten
forsvinder i natten
Men i natten
lyser du alligevel
en lille skæv glød
der lokker mig
og skubber mig
og når jeg er væltet
kan du få skylden
Det herlige er
at skylden tager du gerne
Du påtager dig mer
end jeg selv kan bære
Du bærer mig gennem
en sørgelig nat
Jeg sidder
og vugger mig selv
I ruden:
ulykke, utyske
blomstrende blege
kontrafej
mit eget fremmede ansigt

*

Te levanto hacia la luz
tan roja que tú
casi eres negra, tan
negra que casi
desapareces en la noche
Pero en la noche
brillas igualmente
un pequeña ascua confusa
me provoca
me empuja
y cuando me derribe
tú tendrás la culpa
Lo bueno es
que tú cargas gustosa con la culpa
Te ocupas de más
de lo que yo puedo cargar
Me llevas a través
de una noche triste
Yo estoy
meciéndome a mí misma
En la ventana:
desastre, ogro
pálido floreciente
retrato
mi propio rostro ajeno

*

Ensomhed, pine og lyden af jern

Jeg troede jeg blev reddet
Det var dét jeg troede jeg blev
Jeg lå i mit daglige
latteranfald og lo så
let og mildt at man
ku ha troet jeg var
en kvinde
Jeg troede det næsten selv

Reddet, reddet
hørte jeg rummet sige
til opmuntring, videre
kom nu, lad latteren vokse
Men straks jeg sagde det selv
blev det stille
-først jeg selv, så
gav rummet op

Rim over væggene
smadrede ruder
min ånde over sengen
den meget smalle
seng, ingen latter
Ingenting
kun lyden af jern
-
hospitalsgange
fængselsgange
lukket dør
ensomhed, pine
og lyden af jern

Hvorfor
betyder ordene
ingenting når følelsen gør

*

Soledad, dolor y sonido del hierro

Creí que había sido salvada
Eso creía
Yo estaba con mi diario
ataque de risa y reía
tan leve y suavemente que se
podía creer que yo era
una mujer
Casi me lo creí yo misma

Salvada, salvada
oí que decía el espacio
para animarme, sigue
ahora, deja que el ataque de risa crezca
Pero tan pronto como yo misma lo dije
se hizo la calma
-primero yo misma, luego
el espacio se rindió

Rimas sobre las paredes
ventanas rotas
mi respiración sobre la cama
la muy angosta
cama, nada de risa
Nada
salvo el sonido del hierro
-
corredores de hospital
corredores de prisión
puertas cerradas
soledad, dolor
y el sonido del hierro

Por qué
cuando aparece el sentimiento
no significan nada las palabras

*

På gaden om natten
ser jeg en herreløs hund
og løber
fordi jeg er bange for hunde
Over skulderen ser jeg
at det er en ræv
Og ræven er vild
men dén skræmmer mig ikke

Man kommer til at længes
-efter dengang drenge var
drenge; da rigtige piger også
var drenge
og Puk ikke mere en skovtrold
Hvor ræven hed ræv
og hunden var hund
og byen en by
og en stor del af os
sletikke var født endnu

*

En la calle en la noche
veo un perro vagabundo
y corro
porque tengo miedo de los perros
Veo por sobre el hombro
que es un zorro
Y el zorro es salvaje
pero no me asusta

Uno empieza a añorar
el tiempo en que los muchachos eran
muchachos; cuando las verdaderas muchachas también
eran muchachos
y   Puk ya no era más un gnomo del bosque
Cuando el zorro se llamaba zorro
y el perro era perro
y la ciudad una ciudad
y gran parte de nosotros
ni siquiera habíamos nacido

*

Jeg skulle hjælpe
en fremmed
med at læse korrektur
hans metode
var grundlig og sjælden
Hen over bordet
mellem os
hang
ord og tegn
fejl på fejl
et komma hér
et bogstav dér

En afdød digters vrede breve
lyder fra min mund
og gribes af hans
Han retter, jeg noterer
Jeg læser højt
det svimler
åndenøden drejer stuen
bordet vipper op
papiret smuldrer
jeg er sulten
jeg er tørstig
jeg hiver efter vejret
og alt vi har
er ordene
en afdød digters vrede ord
men jeg bliver ikke mæt
og hvorfor bliver jeg ikke det?

*

Iba a ayudar
a un extranjero
corrigiendo pruebas
su método
era concienzudo y raro
Sobre la mesa
entre nosotros
colgaban
palabras y signos
errata tras errata
una coma aquí
una letra allá

La ira de las cartas de un poeta muerto
suenan en mi boca
y él las atrapa
Él corrige, yo anoto
Leo en voz alta
hay mareo
el ahogo gira en la habitación
la mesa se mece
el papel se pulveriza
tengo hambre
tengo sed
trato de respirar
y todo lo que tenemos
son palabras
las palabras con ira de un poeta muerto
pero a mí no me sacian
¿y por qué no lo hacen?

*

Kalder du uglerne nattergale?
Det gjorde jeg selv
Sadde og tudede?
Lød der som skønsang alligevel?

Frygt ikke et fatamorgana
tro det kun i den tid det varer

Lærkerne slår og står
støt i himlen over
dit hoved
I radioen som hos mig står
forlyder det: Lyt!
Dinosaurerne er ikke uddøde
de flyver udenfør
vi spiser dem till juli

*

¿Llamas a los búhos ruiseñores?
Yo los llamaba así.
¿Estaban graznando?
¿Sonó de todos modos como un bello canto?

No temas a un espejismo
cree en él mientras dure

Las alondras baten alas y permanecen
en el cielo sobre
tu cabeza
En la radio que hay en mí
suena: ¡Escucha!
Los dinosaurios no se han extinguido
vuelan allí afuera
los comemos para Navidad

***

At jeg var ikke en kimære
men gerne kaldtes gargouille
på grund af lyden av ordet
og det grumme det
fastfrosme udtryk
ikke i ansigtet
i fjæset
og øjene glugger
og tænderne syle (eller et mundhul)
og smiler sletikke et smil
en grimace

***

Que yo no era una quimera
sino que me gustaba que me llamasen gárgola
por el sonido de la palabra
y la cruda
expresión congelada
no en el rostro
en el hocico
y los ojos hoyos
y los dientes leznas (o un orifico bucal)
y sonríen una especie de sonrisa
una mueca

***

Hendes grådige ansigt
i døren da vi ankommer
Munden strakt frem
som efter en oblat
da vi ankommer
Afliver mig ikke
da vi ankommer
Hun gaber. Hun er
djævlekoen, langhalset
Fjærklædt og forvitret
vil hun aflure mig
hun skal nok,
med læberne tilbage,
komme til at ligne mig

***

Su rostro voraz
junto a la puerta cuando llegamos
La boca que avanza
como buscando una hostia
cuando llegamos
No me aniquila
cuando llegamos
Bosteza. Ella es
la vaca endemoniada, largo cuello
Emplumada y disgregada
ella quiere espiarme
y logrará,
apretando los labios,
parecerse a mí

*

Jeg stirrer på himlen imens de
sover, jeg ved de sover, jeg
mærker de sover i mørket, men
himlen blegner, når bare
jeg stirrer derop, og solen vil komme
og syerne sprede sig
Såvil de vågne, og da vil jeg
ligge på ryggen og stirre på
loftet der er så tæt og
taget er tæt og jeg er et træ
En kile er drevet ind
i stammen, vidunderligt, køligt og
slidt metal der strammer i barken
og skiller den ad
Men selv om jeg ville
flækker jeg ikke
Jeg smækker sammen
og åbner mig ganske
sikkert kun
igen
fær en økse

*

Miro al cielo mientras ellos
duermen, sé que duermen, noto
que duermen en la oscuridad, pero
el cielo empalidece, apenas miro
hacia arriba, y el sol quiere salir
y las nubes dispersarse
Entonces ellos despertarán, y yo quiero
yacer de espaldas y mirar
al techo que es tan denso y
el tejado es denso y yo soy un árbol
Una cuña está encajada
en el tronco, misteriosamente, frío
y gastado metal que penetra en la corteza
y la corta
Pero aunque yo quisiese
no me agrieto
Me cierro de golpe
y me abriré tal vez
seguramente solo
otra vez
a un hacha

*

Min onkel Hector sagde (-sagde jeg-
med et fiktiv navn, men navnet er Holger)
Min onkel Holger sagde
(men det har jeg nok fortalt dig før)
Han var på vej ned fra Banken
Han havde solen i øjnene
så sagde han
da børnene kom løbende forbi
Han sagde
nej han sagde
Nu siger Knud Erik det
og hans tre sønner det
og jeg selv det,
siger det samme, næsten det samme
Vi gentager hinanden omtrent
De begravede hunden
på Banken
og hunden hed skiftevis
Lassie og Jensen (Jensen var blind)
og Hugo og Hannibal
dér på Banken
min onkel Holger
(for det var Holger han egentlig hed)
Knud havde sagt det engang
på en anden måde
Her siger jeg det selv igen:
Vi du – eller ska jeg?
Jeg kan se ham tydeligt
med solen i øjnene
syrenerne på Højen
denne duft om onkel Hector
Desuden gjorde han alltid
sådan med hånden
Sådan som jeg forklarede dig før
-sådan

*

Mi tío Héctor dijo (-dije yo-
con un nombre ficticio, pero el nombre era Holger)
Mi tío Holger dijo
(pero esto ya te lo he contado)
Venía bajando del Otero
Tenía el sol en los ojos
entonces dijo
cuando los niños pasaron corriendo a su lado
Dijo
no dijo
Ahora lo dice
Knud Erik
y sus tres hijos
y yo digo lo mismo,
digo lo mismo, casi lo mismo
Nos repetimos más o menos entre nosotros
Enterraron al perro
en el Otero
y el perro se llamaba alternativamente
Lassie y Jensen (Jensen era ciego)
y Hugo y Aníbal
allá en el Otero
mi tío Holger
(porque era Holger que se se llamaba en realidad)
Knud lo había dicho una vez
de otra manera
Aquí lo digo yo misma otra vez:
¿Quieres decirlo tú, o lo digo yo?
Puedo verlo con claridad
con el sol en los ojos
las lilas en el Otero
ese olor en torno al tío Héctor
Además hacía siempre
así con la mano
Así como te lo expliqué antes
-así

LA AUTORA

Pia Juul (30 de Mayo de 1962, Korsør, Dinamarca) Poeta, dramaturga, traductora, autora de literaruta infantil y desde el 2005, miembro de la Academia Danesa. Ha publicado los libros de poemas "levende og lukket" (1985); "i brand måske" (1987); "Forgjort" (1989); "En død mands nys" (1993); "sagde jeg, siger jeg" (1999); "Helt i skoven" (2005); "Radioteateret" (2010) así como las novelas, colecciones de cuentos cortos, y literatura para niños. Su temática en la poesía ha sido el individuo femenino enfrentado al mundo de las sensaciones, de los climas emocionales, del ensueño.

Ha recibido numerosos premios en su país, entre los que se destancan la Medalla Aarestrup (1994), el premio del Fondo del Estado (2000), el Premio Literario del Banco Danés (2009), el Premio Montana (2010) y el Premio de la Crítica (2012).

LA PROLOGUISTA

Rebeca Henríquez (San Salvador, El Salvador, 1982). Escritora y Arte Educadora. Estudió Ciencias Jurídicas en la Universidad de El Salvador y Educación Artística en la Universidad Dr. José Matías Delgado. Ha obtenido los siguientes reconocimientos: Premio Único en los IXX Juegos Florales de Usulután (2011 y 2012); Autora Nacional del mes de octubre 2014 por la Secretaría de Cultura de El Salvador. Ha publicado su obra en la Antología de poesía joven salvadoreña "Las otras voces" (DPI, El Salvador, 2011) así como "El verano aventurero" (Poesía infantil) (DPI, El Salvador, 2013).

El TRADUCTOR

Roberto Mascaró es poeta nacido en Montevideo, Uruguay. Ha publicado más de una decena de volúmenes de poesía y es el traductor de la obra de Tomas Tranströmer, Premio Nobel de Literatura 2011. Ha publicado más de treinta volúmenes de traducciones de obras de August Strindberg, Öyvind Fahlström, Ulf Eriksson, Anthony de Mello, Göran Sonnevi, Jan Erik Vold, Rabbe Enckell, Edith Södergran, Henry Parland, entre otros autores.

Los poemas aquí incluidos han sido tomados del libro
sagde jeg, siger jeg
Editorial TIDERNE SKIFTER, Copenague, 1999

Especial agradecimiento a:

Anna Emilie, Bjærnstierne Bjærnson y a su hija Bergliot, Stephen Bogart, Inger Christensen, Kirsten Christensen, Per Christiansen, a la reina Dagmar, E.M. Forster, N.F.S Grundtvig, Haumann, Peter Faber, Lesley Gore, Edward James Hughes, Thorkild Hansen, Justine Harari, Hans Holger, Olga Ivinskaja, Poul Juul, Frank Jæger, Bengt af Klintberg, Frans Lasson, Peter Laugesen, Leda, Lillelund, Cecile Løveid, Carlo Meister, Peder Moos, Karen Mouritsen, Susanne Munkholm, Knud Erik Nielsen y a sus tres hijos, Flannery O´ Connor, Rosenkilde, Søren Ulrik Thomsen, Eva Thybo, Morti Vizki y Jeppe Aakjær